À pas de loup

Trop... copieuse!

Texte : Danielle Vaillancourt
Illustrations : Marie-Claude Favreau

Dominique et compagnie

Max, Boulette et Néva regardent
par la fenêtre.

« Trop chouette ! dit Néva. Nous avons
une nouvelle voisine. »

« Super ! En plus, elle a un chien
tout frisé », ajoute Néva.

Même si elle est timide, Néva
est tellement excitée qu'elle court à la
rencontre de sa nouvelle voisine.

Quand elle arrive, Néva est rouge
comme une tomate.

« Bonjour, dit-elle. Je m'appelle Néva.
Voici mes amis Max et Boulette. »

Amélie sourit gentiment et présente
son chien Wilson Toutou.

Wilson Toutou court autour d'elle
avec grâce et élégance.

Néva invite Amélie à jouer
au ballon.

Aussitôt, Amélie attrape le ballon
et saute comme un kangourou.

Ensuite, Amélie imite le chant de l'escargot
et danse comme une Hawaïenne.

Néva est éblouie. « Amélie, mon amie,
tu es trop géniale ! » déclare Néva.

« Moi, je veux être comme Amélie ! »
se dit Néva.

Alors, le matin, le midi et le soir, Néva
observe sa nouvelle amie.

Néva regarde Amélie marcher et rire.

Et elle essaie de faire comme elle.

Elle la regarde dessiner.

Et elle essaie de faire comme elle.

Néva veut que Max ressemble à
Wilson Toutou.

Mais Max n'aime pas ça.

Néva essaie de s'habiller et de
se coiffer comme son amie.

Néva répète tout ce que dit Amélie.

Max lève les yeux au ciel.
Boulette soupire.

Amélie dit : « Tu es vraiment
trop copieuse, Néva ! »

Néva veut qu'Amélie reste son amie.

Mais comment faire ?

Se changer en tondeuse à gazon ?
Se transformer en grille-pain ?

Néva ne sait plus qui être.
C'est pourtant simple…

Néva n'a qu'à être Néva. C'est comme ça que ses amis l'aiment.

As-tu été trop... attentif en lisant ?

C'est ce qu'on va voir...

Essaie de répondre aux questions suivantes.

1. Comment s'appelle le chien d'Amélie ?
a) Wilson Toutou.
b) Nelson Pitou.
c) Pitou Toutou.

2. De quel animal Amélie imite-t-elle le chant ?
a) Le chameau.
b) L'escargot.
c) Le moineau.

3. Que dit Amélie à Néva ?
a) « Tu es vraiment trop tondeuse, Néva ! »
b) « Tu es vraiment trop farceuse, Néva ! »
c) « Tu es vraiment trop copieuse, Néva ! »

4. En quel objet Néva envisage-t-elle de se changer à la fin de l'histoire ?
a) En râpe à fromage.
b) En feu de circulation.
c) En tondeuse à gazon.

Tu peux vérifier tes réponses en consultant le site Internet des éditions Dominique et compagnie, à :
www.dominiqueetcompagnie.com/apasdeloup.

À cette adresse, tu trouveras aussi des informations sur les autres titres de la série, des renseignements sur l'auteure et l'illustratrice et plein de choses intéressantes !

Tu as aimé cette histoire ?
Tu as envie de découvrir toutes les aventures de Max et Néva ?

Voici les autres titres de cette série.